CB126651

# MAIS QUE PALAVRAS

VANESSA MAGALHÃES

# MAIS QUE PALAVRAS

A SENSIBILIDADE DE ENXERGAR ALÉM DO *OLHAR*

partners coerência

**Copyright © Grupo Editorial Coerência, 2023**
**Copyright © Vanessa Magalhães, 2021**

Todos os direitos desta edição reservados ao Grupo Editorial Coerência.
Nenhuma parte desta publicação poderá ser reproduzida através de qualquer meio existente sem a autorização prévia da editora.

DIREÇÃO EDITORIAL
***Lilian Vaccaro***

COORDENAÇÃO EDITORIAL
***Bianca Gulim***

ASSISTÊNCIA EDITORIAL
***Raquel Escobar***

PRODUÇÃO GRÁFICA
***Giovanna Vaccaro***

CAPA
***Michael Vasconcelos***

DIAGRAMAÇÃO
***Michael Vasconcelos***

**Dados Internacionais de Catalogação na Publicação (CIP)**

Magalhães, Vanessa
Mais que palavras: a sensibilidade de enxergar além do olhar / Vanessa Magalhães - 1ª edição - São Paulo: Coerência, 2023

ISBN: 978-65-89850-79-3

CDD: 869.1

**Índices para catálogo sistemático:**
1. Poesia brasileira I. Título

Grupo Editorial coerência
partners coerência

Rua Coronel Leme, 43 | Centro
Bragança Paulista | SP | 12.900-340
www.editoracoerencia.com.br
Tel.: (11) 9.8020-0810

## A VIDA É UMA CONSTANTE

A vida é uma constante
que merece ser aproveitada.
Sentir novos ares,
valorizar.
Aproveite cada segundo,
porque é lá no futuro
que o arrependimento brotará;
brotará por não saber desfrutar.

A vida é uma constante
cheia de ondulações
que traz consigo todo tipo de
sentimento,
modificando os sentidos,
mas que merecem ser vividos.
A vida é saber desfrutar.

## Levante-se e vá

Se você cair ou fraquejar,
levante-se de novo,
siga em frente.
Vá,
só não pare de caminhar.

# Escolha

Se você está procurando mais experiências para abraçar as oportunidades,
pare,
não continue perdendo tempo,
pois as experiências que procura sempre estiveram e estarão na sua porta.
Tudo que acontece é um treinamento,
um aprendizado para sua jornada ao longo da vida.
E saiba...
a morte não é para ser lamentável.
Lamentável é não aproveitar a vida.
Todos os dias temos inúmeras dificuldades,
mas saiba que...
um guerreiro não é aquele que vence a batalha,
mas
aquele que, mesmo caindo inúmeras vezes,
se levanta.
Um guerreiro nunca desiste,
ele é vulnerável.
Um sábio age,
um insipiente reage.
A vida é uma escolha.
Se você procura felicidade,
saiba que...
ela não está no seu destino,
e sim
na sua jornada.
Você tem opções,
escolhas,
não seja vítima.
É sua escolha.

Leve a vida com leveza e sinta tudo fluir.

Às vezes, procuramos muito dar sentido para a vida,
mas às vezes o sentido é só viver.

Siga em frente sem olhar para trás,
as barreiras é você quem faz e ninguém mais.

## Sobre todas as coisas

Sobre todas as coisas,
de diferentes perspectivas,
discrepantes modos de agir,
de se reconstruir.
Sobre todas as coisas
continuará assim.
Sobre todas as coisas,
sempre haverá uma ponta de medo:
medo do desconhecido,
medo de mudar,
medo de virar a página e seguir em frente,
porque mudar exige coragem.
Mudar é se arriscar,
mudar exige atitude.
Sobre todas as coisas,
haverá dois caminhos,
duas decisões a fazer:
O SIM e O NÃO.
Sobre todas as coisas,
tenha cuidado.
Sobre todas as coisas,
não mude sua identidade.
Sobre todas as coisas,
tenha coragem e vá,
simplesmente VÁ.

Libere o leão que há dentro de você
e se prepare para atacar.

Não deixe que o medo se torne
um empecilho em sua vida.

# Devaneio

O *se* é uma palavra que atrapalha muita gente,
faz com que desistamos de nossos planos e sonhos.
O *se* sempre existirá.
Para atingir o suc*es*so,
repare,
mesmo sendo ao contrário,
o *se* também está lá.
Para atingi-lo só depende de você.
Qual caminho vai escolher?
O caminho de ir avante?
Ou o caminho de estagnar/parar?
Lembre-se: o *se* sempre existirá.

## Seja

Não espere ser amado
para amar.
Não espere a felicidade chegar
para ser feliz.
Não espere motivos para ser luz
na vida de alguém.
Ame hoje,
seja feliz hoje,
seja luz na vida de alguém hoje.

Na hora dourada até os mortos se levantam.

Não o conheço nem sei de onde vem.
Só sei que não precisa me impressionar,
deixe que as escolhas ou o destino,
se acreditar, vão nos aproximar.

# Estação

A vida é feita de embarque,
desembarque.
É um trem lotado
que para em cada estação.

Um trilho quebrado
leva a um grande estrago.

Em cada vagão
há pessoas que sobem a passeio,
outras para estender a mão.
O duro é ver desembarcar.

A vida é embarcar
e desembarcar muitas vezes,
sem saber em qual
estação vamos ficar.

É aproveitar cada bagagem,
passar adiante,
para que um dia se encontrem
na estação principal.

*Poema inspirado no filme* O trem da vida.

A chuva vem para levar as
energias negativas e renovar as positivas.

Não faça algo para impressionar alguém,
a não ser que seja você mesmo.

# Há tempo

Quem imaginou que o mundo iria parar?
Que o novo jeito de amar
seria se distanciar.
Que o aperto de mão seria um toque no cotovelo,
que não teria mais aquele abraço apertado,
que acalenta o peito;
aquele cheiro no cangote
que arrepia até o último fio de cabelo.
O novo jeito de amar
é se distanciar.
Há quem diga que não tem tempo.
Hoje, tempo é o que mais temos.
Tempo de recomeçar,
de se reinventar.
Tempo de aproveitar,
tempo de mostrar amor e ser amor,
tempo de pedir perdão e perdoar,
tempo de aproveitar o tempo.
Há tempo de tirar aquele sonho da gaveta
e realizar,
de aprender um instrumento,
de estudar.
Ainda há tempo.
Mas
não há tempo para desperdiçar,
porque voltar no tempo,
afinal, nem dá.
Há quem implorava para não ir à escola,
hoje implora para voltar.
Afinal, o melhor jeito de amar é se distanciar.

Não faça nada por estética,
mas sim para atingir sua plenitude.

## Fonte de inspiração

Essa brisa,
essa canção,
foi,
é,
será,
será sempre minha inspiração.

## Supere

Ei, menino, levante-se.
Ei, menino, busque força.
Ei, menino, não deixe suas dores o dominar.
Ei, menino, reaja.
Ei, menino, libere a força que há dentro de você.
Ei, menino, renove sua esperança.
Ei, menino, coloque metas nos seus sonhos.
Ei, menino, deixe todos os males para trás
e recomece em paz.
Ei, menino, siga em frente e não olhe para ninguém mais.

## Só quem sente

A brisa de uma música,
do vento,
da natureza,
só quem sente sabe
valorizar.
Só quem sente
vê a felicidade chegar.
Só quem sente.

Tudo tem seu tempo
até o tempo tem o seu,
mas saiba que...
um dia o tempo irá cansar de o esperar.

As folhas estão crescendo,
a primavera florescendo.
Que sejamos como a natureza.
Em meio a tanto caos,
ela se renova,
se transforma
e se refaz.

Nem tudo que está aberto
precisa de um desfecho.

O tempo vaga de minhas mãos
despretensiosamente,
e, por ser algo tão natural,
o tempo escoa de minhas mãos
despretensiosamente.

E os bons momentos

o vento levou.

## The time

O tempo sai tão disparado,
sem ligar ou pensar em alguém.
Vai tanto para o Norte quanto para o Sul;
tanto Leste quanto Oeste.
O tempo é tão veloz
que não marca nem direção.
O tempo passa tão rápido
que às vezes me perco no meu espaço.
O tempo sai tão disparado...
que não vivo o presente,
traçando um futuro
e revivendo o passado.

O vento que passou pela minha face
talvez não seja o mesmo que passou pela sua;
minhas lembranças que vieram são diferentes das suas.

## Pensamentos e pensamentos

Os pensamentos vêm e vão,
como o amanhecer
e o anoitecer,
como as nuvens que mudam de cor
e formato,
como as quatro estações.
Os pensamentos não nos pertencem,
eles vêm e vão,
não são permanentes,
são apenas pensamentos.
Eu permaneço,
eu decido o que irão virar,
eu decido se serão ações.
Os pensamentos vêm e vão.

Às vezes, procuramos fazer,
ser inúmeras coisas.
Porém, não ligamos um propósito para que
tenhamos um gatilho quando o desânimo vier.
Se proponha a dar o seu melhor em tudo
que for fazer e em tudo que fizer,
tenha os seus porquês estabelecidos.

## Além do olhar

Estou indo para um lugar,
onde eu possa ver o mar,
onde a brisa toque o meu rosto
e deixe marca de lá,
e que eu traga,
traga boas lembranças daquele lugar.

Quando a noite cai,
me vêm muitas lembranças,
escutando um sertanejo raiz.
Oh, saudade da infância.

## Autoconhecimento

Há dias de procrastinação.
Há dias de motivação.
Há dias de querer viver intensamente.
Há dias de sumir de repente.
Há dias em que somos nossa melhor versão.
Há dias em que somos inspiração.
Há dias de fogo.
Há dias de autoestima elevada.
Há dias de autoestima lá no chão.
Há dias de expor tudo que sente.
Há dias de se calar.
Mas não há dia de se observar,
refletir sobre si é todos os dias.
Todos os dias é dia de aprender,
evoluir e agradecer.

De todos os investimentos que você já fez em sua vida,
tenha certeza de que o maior investimento é o autoconhecimento.

## Seja o seu próprio fã

Ser fã é amar uma pessoa distante ou próxima,
enfrentar pedregulhos por ela,
mesmo ela o desconhecendo
e ao mesmo tempo conhecendo.
Não é errado ser fã,
errado é colocar tal pessoa no centro de tudo.
Afinal, fã também sou.
Mas quem disse que só dá para ser fã de um famoso?
De um cantor, poeta, escritor, ator...
Qualquer pessoa pode se tornar um ídolo.
Aquele gari que recolhe seu lixo todos os dias,
seus pais, que estão sempre ao seu lado,
seu professor que lhe proporciona inúmeros conhecimentos,
aquele atendente que o recebe com um sorriso no rosto,
aquele entregador que traz sua encomenda com rapidez e segurança,
aquela tia da limpeza que torna o ambiente mais agradável,
seus amigos, com os quais você compartilha seus segredos...
Ou quem sabe si próprio?
Antes de querer ter um ídolo,
faça com que seu ídolo seja você mesmo.

Sempre haverá lembranças,
pensamentos novos,
conduzidos pelo vento.

# Vejo Deus

Em tudo vejo Deus.
Eu vejo Deus na natureza.
Eu vejo Deus no balançar de uma árvore,
no barulho das águas de um rio.
Eu vejo Deus.

Nas quatro estações
eu vejo Deus.
Eu vejo Deus no vento, no calor,
em uma simples flor.
Eu vejo Deus.

Eu vejo Deus nos animais,
nas pessoas também.
Na inocência de uma criança,
e seus servos.
Eu vejo Deus.

No formato de cada nuvem
eu vejo Deus.
Nesse imenso céu azul,
eu sei que Ele está aqui.

Deus é:
onipresente,
onipotente,
onisciente.

Eu vejo Deus
no amanhecer e no anoitecer.
Eu vejo Deus no final da tarde,
no pôr do sol.
Sim, eu vejo Deus.
Em cada detalhe eu vejo DEUS.

O seu deserto hoje será a luz
no fim do túnel de alguém.

## Nova estação

Chegaram as chuvas de verão,
deixando as horas douradas mais abrilhantadas,
as nuvens, levemente bronzeadas,
anunciando a nova estação.

## Insights

É no silêncio da noite que tudo se encaixa,
que palavras malditas,
atitudes erradas,
o arrependimento por não ter feito,
é tudo repensado.
No silêncio da noite,
tudo é revelado.

# Abraçar também é curar

O poder que um abraço tem
é transformador;
é um santo remédio,
cura as feridas,
cura quem tem dor,
faz um carinho na alma,
devolve todo amor,
a esperança de quem perdeu.
Abraçar (quem precisa)
é um gesto de amor.
Espalhe carinho para todo lado que for.
O seu abraço,
o meu abraço tem um enorme valor
nesta vida, em que tudo vai passar.
O que não vai
é o que você plantou no coração de cada um que ficou.
O meu abraço,
o seu abraço não é tão diferente.
É uma mistura de amor e cura
que acalenta a gente.
Abrace hoje,
amanhã também...
Afinal, que mal ele tem?
O poder do abraço não pode morrer,
é um santo remédio,
transformador.
É como uma plantação:
quanto mais se plantar,
mais colheita terá.

Se sua vida está perdendo o sentido,

**RESSIGNIFIQUE.**

Escrevo sem pressa,
seleciono o que me interessa.

## Liberdade

Você é livre? O que é liberdade?
Os dicionários dizem que "é o direito de agir de acordo
com sua própria vontade,
sem interferir no espaço do outro".
Você é livre? Ou liberdade é só utopia?
Como ser livre em um mundo onde as regras são ditadas,
onde a desigualdade existe e o medo está latente?
Os padrões estéticos, as modinhas, alienação em massa.
A incessante necessidade de estar on-line
faz com que as pessoas fiquem presas
em um mundo sem perspectivas de mudança.
E aí, você é livre?
Estar livre exige responsabilidade,
por esse motivo muitos desistem da tão sonhada liberdade!
Muitas vezes paro para pensar: o que será que impede
esse povo de progredir e de se expressar?
Será que é o medo de ser julgado...
criticado... ou de até mesmo de ser excluído?
E aí, o que é preciso fazer?
É preciso que o povo solte a voz para que a
mudança aconteça e a tão sonhada liberdade resplandeça!
Enfim, diante de tantas possibilidades,
você vai ficar aí parado? Ou vai lutar pela tão sonhada liberdade?

## Ponto-final é recomeço

E quando as luzes se apagam,
a história começa.
Os bastidores trazem à tona toda verdade.
A história é mais excitante do que no palco.
É nas entrelinhas que tudo é real.
Você deixa de atuar em histórias alheias,
para viver sua própria jornada,
mas há aqueles que, mesmo quando as luzes se apagam,
permanecem atuando em histórias alheias.
E quando as luzes se apagam,
a história começa para quem está disposto
a escrever seu próprio roteiro.
Em cada dia um novo episódio,
a cada semana um capítulo se fecha.
E quando as luzes se apagam,
a história começa.

## Vou-me embora pro Nordeste

*Paródia do poema* Vou-me embora pra Pasárgada

Vou-me embora pro Nordeste.
Lá sou um caba da peste,
lá tenho minha terra para arar
e meus bois para cuidar.

Vou-me embora pro Nordeste.
Vou-me embora pro Pernambuco.
Aqui já sou feliz,
mas lá está o meu coração.
Saudade da minha terra,
da festa da pedra do reino,
das comidas sem fim,
que enchem o bucho da gente.
O caju tirado do pé...

O biju vendido na rua,
a mundiça das pessoas.
Montarei num jegue,
para depois pegar no cabo da inchada.
Tomarei banho no açude!
E, quando estiver cansado,
me deitarei na beira da estrada.
Mando chamar meus avós
para me contar as histórias
que quando era pequeno ia vendo.
Vou-me embora pra terra do baião.

No Nordeste tem tudo,
é outra região.
Tem caba bulidoso,
tem caba migué,
moça môca,
caba avechado,
gente que só quer ser as pregas.
Arriégua!

E quando eu vir uma mizera dessa
mangarei sem preconceito
para não ficar aperreado.
Pensa que é estribado,
mas nem a uma chinela de dedo tem direito.
Feliz sou,
tenho orgulho do meu sotaque arrastado.
Se amostra minha terra,
vou despir pra lá.

## VOCABULÁRIO DE GÍRIAS NORDESTINAS

Caba da peste: homem valente, corajoso; batalhador.
Arar: preparar a terra para receber a semente.
Bucho: barriga.
Biju: tapioca.
Mundiça: pessoas que amam barraco, confusão.
Açude: lago que se forma por represamento.
Ia vendo: escutava, ouvia.
Baião: comida típica da região.
Bulidoso: uma pessoa inquieta; curiosa.
Migué: vacilar; enrolar; tentar falar algo só para convencer alguém.
Môca: surda.
Avechado: pessoa apressada.
Só quer ser as pregas: pessoa metida, que se acha.
Arriégua: uai; oxe; não têm nenhum significado próprio.
Mizera: usado para potencializar uma fala.
Manguar: rir de outra pessoa.
Aperreado: aborrecido, chateado.
Estribado: gente rica, com muito dinheiro.
Se amostra: utilizado para algo muito bom.
Despir: ir embora.

O pensamento não é lugar de si fazer morada.

## A sutil arte de ensinar

Ensinar é uma via de duas mãos:
quem ensina sempre aprende
e quem aprende deixa uma lição.
A sutil arte de ensinar
trilha um caminho ininterrupto
numa constante de perpetuar o saber.
A recompensa de todo esforço
vem com a evolução do aprendiz,
em vê-lo trilhar o próprio caminho,
em ouvir: "Ufa! Enfim consegui!".
O esforço do aprender
motiva o esforço do querer ensinar.
É denominador comum do saber,
expande o horizonte do sujeito,
daquele que se propôs a aprender,
cria vínculo com o sujeito professor.
A sutil arte de ensinar
é um processo árduo,
nem todos se dispõem a trilhar.
Prepare o solo: a MENTE.
Adube com informação.
Fertilize com fé.
E se importe em regar.
É necessário dar, se desprender, fincar raízes.
É estar vulnerável às incertezas
ao não saber se a semente brotará.
E em uma manhã chuvosa
viu-se o milagre:
a semente germinou.
A sutil arte de ensinar
percorre um caminho autêntico,
luta por uma revolução.
Uma Revolução Silenciosa.

Nem tudo que pensamos é de ser
e nem tudo que é parece ser.
É importante não julgar
e enxergar além do olhar.

Praticar a sensibilidade nos permite ver
a grandiosidade e os pequenos detalhes da vida.

Amar a si mesmo
também é amar o outro.

Nossa vida não é uma divisa onde todos
podem ultrapassar a qualquer momento.

## Ouse ser

Seja diferente em um mundo onde todos são iguais,
seja você/autêntico,
seja leal consigo e nada mais.

## Felicidade interior

A alegria que o pôr do sol nos traz
mesmo sem percebermos é imensurável,
é uma certeza de mais um dia vencido,
e de que dias melhores estão por vir.

## Não estime tempo para o tempo

O tempo de espera é algo interminável.
Turbilhões de pensamentos surgem,
menos a resposta esperada.
Nossa vida é repassada,
expectativas são criadas,
como uns takes de gravação;
na vida, não é permitido regravação.
No tempo de espera,
o esperado muitas vezes não é alcançado.
E está tudo bem.
A vida é mais do que o esperado.

## Olhos de criança

Onde houver desamor
seja amor.
Onde houver descrença
seja esperança.
Onde houver escuridão
seja luz.
Onde não houver oportunidade
crie-as.
Leve a vida com mais leveza.
Viva a vida de outros ângulos.
Perceba o imperceptível.
Enxergue a vida com outros olhos.
Com olhos mais puros,
com olhos de...
criança.

## Vida plena

Estamos em uma constante prisão perpétua,
na qual o passado é vivenciado,
e o presente é anulado.
Momentos não são mais memoráveis
e ciclos estão sendo reciclados.
Sonhos estão sendo apagados
e a esperança e a fé, talvez até julgadas.
Não somos dois mundos diferentes,
o meu, o seu eu interno e externo.
É conexão.
Não somos uma divisa aberta,
mas é preciso deixar ir
para que o novo venha.
Ciclos precisam ser encerrados
e o passado, ser deixado no passado.
E, se precisar perdoá-lo,
perdoe e libere perdão.
E o presente?
Deve vivenciá-lo! É um passo que falta
para alcançar a vida plena.

## Presença que não se faz presente

Do outro lado da tela,
há uma saudade que não se mede,
um cheiro que não se sente,
um olhar que não se vê,
um carinho que não acalenta,
uma dor que não se nota,
uma alegria sem o riso,
uma fala sem resposta.
Do outro lado da tela...
tudo é frio, vazio.
É uma presença que não se faz presente.

À procura de algo para me inspirar,
não encontro nada que possa rimar.
Em poucas linhas tento me expressar,
mas não consigo encontrar um tema bom para abordar.
Talvez fique assim,
um poema bão e pequenininho.

## Designer

Deus é tão bom designer
que desenhou você,
com suas qualidades e defeitos,
deixando claro que ninguém seria perfeito.

A você deu sonhos
para que pudesse sonhar,
beleza interior
para iluminar.

Encheu você de poderes:
o poder de criar, de decidir e de amar.
Fortaleceu a sua fé
para que pudesse remar em alto-mar.

Deus é designer
e todas as profissões que há na terra.
Ele é o Deus do impossível,
da transformação.

Fica nas suas mãos
se acreditará,
sim ou não.

*Poema inspirado em uma conversa da autora com sua irmã mais nova,*
*Maria Cristina de Magalhães, e escrito em coautoria com*
*sua irmã mais velha, Maria Edivania de Magalhães.*

## Nas terras onde pisei

Nas terras onde pisei
deixei o meu legado:
inspirar pessoas,
e ser inspirado.

Nas terras onde pisei
tinha de tudo.
De modo a atrapalhar a gente,
o mal era evidente.
A esperança que reinava
não hesitou em desaparecer.

Nas terras onde pisei,
o mal pode haver,
mas nunca deixe...
Que o mal seja você!

Nas terras onde pisei,
havia uma doença, todos tinham
uns muitos sintomas; outros nem tanto.
Viviam em todos os tempos,
no passado e futuro, menos no
presente.
Eram as tais da ANGÚSTIA e da
ANSIEDADE.

Nas terras onde pisei
éramos julgados,
não pelo intelecto,
e sim
pela cor e trapos,
como se esses dois... tivessem valor.

Nas terras onde pisei
o substantivo concreto,
amigo,
não era tão reconhecível,
e sim
cidadãos digladiando pelo nosso fim.

Nas terras onde pisei
havia uma parcela diferente
lutando pelo nosso melhor,
estimulando a gente.
A esperança...
a esperança brotava novamente.

Nas terras onde pisei,
repare,
era um tal de FACEBOOK pra cá,
WHATSAPP pra lá.
Proximidade perdeu o seu valor,
o que restou foi uma proximidade
fictícia.

Nas terras onde pisei
foi assim,
talvez algo tenha passado despercebido.
Afinal,
são tantas coisas para serem ditas.

Se um dia...
esta poesia
e meu nome escoar pelos seus ouvidos,
espalhe para todos.
Este escrito pode até soar engraçado,
mas no fundo é um clamor!

O mal, assim como o bem, sempre
existirá;
frente a frente, lado a lado.
Mas nunca deixe de acreditar,
um dia o bem vai imperar.
E façam da sua geração
a melhor que há.

Nas terras onde pisei
e em que você pisará.

Grupo Editorial
coerência

Não perca a oportunidade de realizar
o sonho de se tornar um escritor.
Envie seu original para o nosso e-mail e
PUBLIQUE CONOSCO.

**Acompanhe o Grupo Editorial Coerência:**

@grupoeditorialcoerencia
fb.com/grupoeditorialcoerencia/
@coerencia
lilian@editoracoerencia.com.br
www.editoracoerencia.com.br

Esta obra foi composta na fonte ITC Legacy Serif,
tamanho 11 pt, e impresso em papel pólen bold 90g/m².
São Paulo, julho de 2023